Ir. Elizabeth Mendes, fcj

Leitura orante da Bíblia em Família

EDITORA
AVE-MARIA

© 2015 by Editora Ave-Maria. All rights reserved.
Rua Martim Francisco, 636 – 01226-000 – São Paulo, SP – Brasil
Tel.: (11) 3823-1060 • Fax: (11) 3660-7959
Televendas: 0800 7730 456
editorial@avemaria.com.br • comercial@avemaria.com.br
www.avemaria.com.br

ISBN: 978-85-276-1578-5
Capa: Rui Joazeiro
1. ed. – 2015

Dados Internacionais de Catalogação na Publicação (CIP)
Angélica Ilacqua CRB-8/7057

Mendes, Elizabeth
　Leitura orante da Bíblia em família / Ir. Elizabeth Mendes, fcj. São Paulo: Editora Ave-Maria, 2015.
　56 p.

ISBN: 978-85-276-1578-5

1. Bíblia – Leitura 2. Orações 3. Vida espiritual – Igreja católica 4. Bíblia – Uso devocional I. Título

15-0963　　　　　　　　　　　　　　　　　　　　　　　CDD 242.5

Índices para catálogo sistemático:
1. Orações baseadas na Bíblia

Diretor Geral: Marcos Antônio Mendes, CMF
Diretor Editorial: Luís Erlin Gomes Gordo, CMF
Gerente Editorial: Valdeci Toledo
Editor Assistente: Marcio Jean Fialho de Sousa
Preparação e Revisão: J. Augusto Nascimento e Ligia Terezinha Pezzuto
Projeto Gráfico e Diagramação: Ponto Inicial Estúdio Gráfico

A Editora Ave-Maria faz parte do Grupo de Editores Claretianos (Claret Publishing Group).
Bangalore • Barcelona • Buenos Aires • Chennai • Colombo • Dar es Salaam • Lagos • Macau • Madri • Manila • Owerri • São Paulo • Varsóvia • Yaoundé.

Sumário

Prefácio 5

Apresentação 7

O método da *Lectio divina* (leitura orante) 10

    Uma breve história da *Lectio divina* 12

    Os quatro degraus da *Lectio divina* 14

Como fazer a leitura orante da Bíblia em família 16

    Preparação do ambiente 16

    Acolhida 17

    Oração inicial 17

    Primeiro degrau: Leitura 18

    Segundo degrau: Meditação 19

    Terceiro degrau: Oração 20

    Quarto degrau: Contemplação 21

Primeiro encontro: a Criação (Gn 1,26-28) 23

Segundo encontro: piedade filial (Eclo 3,5-10) 32

Terceiro encontro: ação de graças (2Tm 1,3-5) 41

Quarto encontro: a família de Jesus (Mt 12,46-50) ... 49

Prefácio

Sabemos que a Bíblia é a Palavra de Deus. A mensagem divina está contida nesse livro sagrado, porém nem sempre a leitura assídua é suficiente para que ela cresça e fecunde em nós.

Mais que a ler é preciso orá-la!

Através da oração, aquilo que foi lido se encarna em nosso ser para nos tornarmos arautos da Palavra de Deus.

A leitura orante da Bíblia (*Lectio Divina*) é uma prática antiguíssima de deixar-se gestar pelas coisas que Deus nos diz através da Escritura Sagrada. Quando oramos a Palavra, o Espírito que a inspirou abre a nossa alma para que ela seja vida em nós e através de nós.

O livro que você tem em mãos é um auxílio para que a leitura orante da Bíblia seja uma ferramenta de oração em família.

A experiência desse livro não esgota os recursos de oração em família com a Palavra de Deus, mas abre portas para que essa prática seja comum e cotidiana.

A autora, Irmã Elizabeth Mendes, Franciscana do Coração de Jesus, brevemente discorre sobre a história da *Lectio Divina* e sua importância na espiritualidade cristã. Em seguida, aplica sabiamente essa modalidade de oração na vida familiar. Indica, também, quatro exemplos de oração em família em torno da Palavra de Deus.

Que nossas famílias sejam santas por inspiração da Sagrada Escritura!

Pe. Luís Erlin, CMF
Diretor Editorial.

Apresentação

O Papa Francisco tem em seu coração uma grande preocupação: a família. Por isso, convocou em 2014 a III Assembleia Geral Extraordinária do Sínodo dos Bispos, em Roma, para refletir sobre o tema "Os desafios pastorais da família no contexto da evangelização". A constatação de vários dados preocupantes e desafiantes, mas de muita esperança e amor, baseia o documento *Lineamenta* (instrumento de trabalho) da XIV Assembleia Ordinária que aprofundará as questões suscitadas anteriormente com o tema: "A vocação e a missão da família na Igreja e no mundo contemporâneo".

O *Lineamenta* não é um documento conclusivo da XIV Assembleia, mas dá pistas interessantes, uma vez que as reflexões propostas com grande liberdade e segundo um estilo de escuta recíproca trazem luzes e sombras sobre a questão da família na Igreja e na Sociedade. O documento afirma no número 34 que "a Palavra de Deus é fonte de vida e espiritualidade para a família e que devemos formar os membros da igreja doméstica mediante a leitura orante e eclesial da Sagrada Escritura".

Fazendo referência a *Gaudium et Spes*, o *Lineamenta* (n. 2) nos recorda que a família é verdadeiramente "escola de humanidade" e, por isso, adquire para a Igreja uma importância totalmente particular. Isso se dá, principalmente, em um momento em que todos os fiéis são convidados pelo Papa Francisco a sair de si mesmos, já que "é necessário que a família volte a se descobrir como protagonista imprescindível da Evangelização".

Afirma, ainda, o *Lineamenta* (n. 30), que "o anúncio do Evangelho da família constitui uma urgência para a nova evangelização e que, sem o testemunho dos cônjuges e das famílias, igrejas domésticas, o anúncio corre o risco de ser incompreendido". O anúncio deve levar a "experimentar que o Evangelho da família é resposta às expectativas mais profundas da pessoa humana", pois a "Palavra de Deus é critério de juízo e uma luz para o discernimento dos vários desafios que os cônjuges e as famílias devem enfrentar".

Atendendo à solicitação do Santo Padre, o Papa Francisco, de que devemos formar as famílias mediante o método da Leitura Orante da Bíblia, oferecemos este subsídio, fruto do nosso trabalho nos treinamentos sobre a *Lectio Divina* nos Decanatos da Arquidiocese de Londrina, como também nas reuniões dos círculos com os casais do Encontro de Casais com Cristo (ECC) e na formação com as catequistas.

Paz e Bem!
Ir. Elizabeth Mendes, fcj

O método da *Lectio divina* (leitura orante)

A Palavra de Deus é fonte de vida e de espiritualidade para a família. Fonte de vida porque a Igreja doméstica encontra ali fundamento e respaldo; espiritualidade porque é o caminho que leva para o encontro místico com Deus, meta da nossa vida cristã.

O método de oração conhecido por *Lectio divina* ou leitura orante da Bíblia proporciona um relacionamento mais profundo com Deus, por meio da Sagrada Escritura, e gera frutos de conversão, partilha e serviço. Tem como objetivo promover a comunhão com Deus, com as pessoas e com a natureza e, ao mesmo tempo, dilatar o amor e o conhecimento do Livro Santo, como também dispor as pessoas ao anúncio do Evangelho da Família.

A leitura orante da Bíblia em família é uma atividade familiar, um encontro com Deus no seio da Igreja doméstica. A intimidade do lar, as pessoas reunidas, o ambiente preparado, o desejo de rezarem juntos, faz com que o momento seja único. Essa prática, para dar os frutos desejados, principalmente os da conversão das mentes, do coração e das tarefas diárias, deve ser realizada semanalmente, como compromisso familiar com Deus. Todos podem e devem participar, pois cada um, na fase da vida em que se encontra, traz em si as marcas do Divino e tem muito a contribuir nas partilhas. A escolha do texto, o material necessário, tudo deve ser providenciado com antecedência para que nada seja um obstáculo nesse momento de intimidade e de diálogo com Deus.

Para ajudar na execução do método, deve-se estar atento às quatro exigências:

1. Compreender o texto dentro da unidade da Bíblia, ou seja, dentro do contexto da narrativa bíblica.
2. Associar o texto à realidade cotidiana, pois a leitura orante da Bíblia nos faz transformadores da realidade.
3. Refletir sobre o texto a partir da fé em Jesus Cristo, pois Ele é a chave de compreensão e interpretação das Escrituras.
4. Interpretar o texto em comunhão com a Igreja, pois a Palavra de Deus foi a ela confiada, que

por sua vez é serva da Palavra. O leitor não é dono do texto, que pertence a Deus. É nesse sentido que a leitura orante da Bíblia se torna escola bíblica que nos faz discípulos missionários de Jesus.

A arte da leitura orante da Bíblia possui também três critérios que permitem aproximar-nos de Deus de um modo único – realidade, família, texto – são três ângulos específicos, cada um com características próprias. Ao se ler, esses três critérios se articulam entre si em vista do mesmo objetivo: escutar Deus hoje.

Portanto, a metodologia da leitura orante da Bíblia consiste em ler (*lectio*), meditar (*meditatio*), rezar (*oratio*) e contemplar (*contemplatio*) o texto bíblico de modo que se compreenda o que Deus disse ao povo na situação em que viviam e o que está nos dizendo hoje.

Uma breve história da *Lectio divina*

Qual é o significado do termo latino *Lectio divina?* Na sua acepção mais ampla, quer dizer lição/leitura divina, no caso, da Palavra de Deus. É a lição que Deus, enquanto Pai, Filho e Espírito Santo, espera que aprendamos e coloquemos em prática.

O método da *Lectio divina* (leitura orante)

Foi Guigo II, abade da Grande Cartuxa, por volta do ano 1150, que sistematizou o método iniciado por Orígenes, um dos Padres da Igreja do século III. Ele explica o significado de leitura, meditação e oração, sugerindo que sejam seguidos quatro passos ou degraus, que ele descreve em uma carta endereçada a um frade da Cartuxa, Irmão Gervásio, sobre como realizar a leitura orante da Bíblia. Escreve Guigo II na Carta chamada "A Escada do Monge" (*Scala claustrorum*). Eis a explicação dos quatro passos:

> Um dia, ocupado no trabalho manual, comecei a pensar no exercício espiritual do homem. E eis que, de repente, enquanto refletia se apresentaram a meu espírito quatro degraus espirituais: a leitura, a meditação, a oração, a contemplação.
>
> A leitura é o estudo assíduo das Escrituras, feito com aplicação do espírito. A meditação é uma ação deliberada da mente, a investigar com a ajuda da própria razão o conhecimento de uma verdade oculta. A oração é uma religiosa aplicação do coração a Deus, para afastar os males ou obter o bem. A contemplação é certa elevação da alma em Deus, suspensa acima dela mesma, e degustando as alegrias da eterna doçura.

A leitura procura a doçura da vida bem-aventurada, a meditação a encontra, a oração a pede, a contemplação a experimenta. A leitura, de certo modo, leva à boca o alimento sólido, a meditação o mastiga e tritura, a oração leva ao sabor, a contemplação é a própria doçura que regala e refaz. A leitura está na casca, a meditação na substância, a oração na petição do desejo, a contemplação no gozo da doçura obtida.

Os quatro degraus da *Lectio divina*

Segundo Guigo II, este é o ensinamento sobre os quatro degraus:

> O primeiro degrau é dos principiantes; o segundo, dos que progridem; o terceiro, dos fervorosos; o quarto, dos bem-aventurados. Qual primeiro fundamento vem a leitura. Ela fornece a matéria e nos leva à meditação. A meditação, por sua vez, perscruta com maior diligência o que se deve desejar e, como que cavando, acha e mostra o tesouro. Mas, como não pode por si mesma obtê-lo, leva-nos à oração. A oração, elevando-se a Deus com todas as suas forças, obtém o tesouro desejável, a suavidade da contemplação. Sobrevindo a contemplação, ela recompensa

o trabalho dos três degraus referidos, embriagando. A alma sedenta com o orvalho da doçura celeste. A leitura é feita segundo um exercício mais exterior; a meditação, segundo uma inteligência mais interior; a oração, segundo o desejo; a contemplação passa acima de todo sentido.

A grande retomada da Igreja deu-se com o Sínodo dos Bispos de 2008, cujo tema foi "A Palavra de Deus na vida e na missão da Igreja", em que o Papa Emérito Bento XVI pediu que retornássemos ao método da Leitura orante da Bíblia, que ensinássemos ao povo de Deus rezar com a Bíblia por esse método. Assim, a família, igreja doméstica, é exortada a semanalmente refletir sobre a Palavra de Deus e colocá-la em prática.

Como fazer a leitura orante da Bíblia em família

Para o texto que será meditado, sugerimos seguir o Evangelho ou as leituras da liturgia da missa dominical daquela semana, mas também podem ser outros. Devemos levar em consideração a idade das crianças que participam, não escolhendo textos longos e de difícil interpretação.

Preparação do ambiente

Arrumar um pequeno altar doméstico (num canto da sala, sobre a mesa de centro, ou da cozinha, ou da copa, sobre um tapete com almofadas etc.) colocar a Bíblia, vela, flores, uma imagem de Jesus, de Maria, da Sagrada Família, ou de um santo de sua devoção. Providenciar, para cada membro da família, a Bíblia e o material necessário para aquele momento de oração.

Outras sugestões de preparação do ambiente:

* Silenciar a casa, acalmar as crianças.

- Ajudar todos a encontrarem na Bíblia o texto a ser lido.
- Pode-se entoar um refrão devocional ou colocar uma música de fundo para meditação, criando um clima de oração.
- Organizar quem fará o que no momento de oração: animador, leitor etc.
- Acender uma vela, que simboliza a presença de Jesus Ressuscitado em nosso meio.

Acolhida

Acolher todos os membros da família, lembrando os que estão ausentes e por que e para que estão reunidos. Colocar as intenções de oração (deixar a palavra livre para quem quiser falar).

Oração inicial

Comece com o sinal da cruz e a oração ao Espírito Santo:

- Venha, Espírito Santo, abra a nossa mente para nos encontrarmos com Jesus, Palavra feita carne e nos doe a sabedoria do coração.
- Conceda-nos saber parar um instante e escutar o som da sua voz, para que, dóceis à sua

Palavra, nos deixemos purificar e nos plasmar sob o exemplo de Cristo, e, renovados no coração, possamos ser testemunhas de comunhão.
* Assim pedimos, por intercessão de Maria, a Virgem do silêncio e do serviço, que escutou a Palavra e a guardou em seu coração para fazê-la frutificar numa caridade operante.
* E lhe pedimos, sobretudo, pelos méritos de Cristo, Palavra do Pai, que vive consigo pelos séculos dos séculos. Amém!

Pode-se entoar um canto. Depois, inicia-se o primeiro degrau.

Primeiro degrau: Leitura

Depois de ler, ler, ler... responder à *pergunta: O que o texto diz em si mesmo?*
* Devemos ler o texto escolhido, pausadamente, uma vez, duas vezes, ou quantas vezes precisar, dando oportunidade para leitores diferentes. Essa etapa da leitura não é estudar, discutir, pesquisar, nem aumentar conhecimento e teorias. Mas, sim, acolher, escutar, interiorizar a Palavra.

Após a leitura lenta e atenta, reconstruir o texto através das lembranças que os membros da família guardam da Palavra. Caso necessário, ler mais uma vez, pois é importante que todos façam daquela Palavra sua oração a Deus. O animador que está conduzindo a leitura orante ajuda os demais chamando a atenção para todos os detalhes do texto: o ambiente, o desenrolar dos fatos, os personagens, os diálogos, a reação das pessoas, trechos obscuros, ensinamentos etc.; tudo isso com intuito de perceber a mensagem sem interpretações. É o momento de se deixarem atingir pela Palavra assim como ela é: penetrante e eficaz.

Neste primeiro degrau não devemos interpretar a Palavra, mas entendê-la, acolhê-la, amá-la. Ajudam nessa percepção as introduções e notas de rodapé da Bíblia, onde encontramos informações preciosas, que ajudam a responder à pergunta: o que o texto diz em si mesmo?

Uma vez conhecido, discutido e desvendado o texto, passamos para o segundo degrau.

Segundo degrau: Meditação

Refletir, aprofundar, repetir as palavras significativas e responder à pergunta: o que o texto nos diz?

Lembrando que meditar é guardar no coração, deixar-se amar, é o momento de se colocar de forma pessoal ante a Palavra, dando-lhe a própria interpretação. É hora de ruminar, saborear a Palavra: *Quão saborosas são para mim vossas palavras! São mais doces que o mel à minha boca* (Sl 118,103).

O que o texto nos diz? São nossos sentimentos, nossas descobertas, são as moções do Espírito Santo. Não é preciso deter-se no texto todo, como no primeiro degrau, mas naquilo que o Espírito Santo tiver suscitado: palavras, versículos... Meditar é aplicar o texto em nossa vida e realidade.

Terminada a partilha, em que cada um diz a parte, a palavra, o versículo que mais lhe tocou e o porquê, sobe-se ao terceiro degrau.

Terceiro degrau: Oração

Conversar com Deus a partir do texto. Responder às interpelações. Ter uma atitude de adoração, louvação, agradecimento, perdão, pedidos, respondendo à *pergunta: o que o texto nos faz dizer a Deus?*

Este é o momento da resposta, do diálogo. Na oração expressamos sentimentos de perdão, de gratidão, de louvação, de súplica. Podemos rezar salmos e hinos em relação ao texto meditado, como também compor o salmo da nossa vida, como outrora os salmistas o fizeram. Pode ser também uma canção composta para Deus, um poema, uma pintura, uma colagem. Tudo depende da criatividade e da disponibilidade de cada família.

Assim que todos colocam em comum a sua resposta a Deus, pode-se criar o salmo, a canção, a oração da família a Deus. É como um mosaico: cada prece, cada salmo, cada poesia, colagem ou pintura compõem aquilo que a família quer dizer a Deus naquele momento de oração. Não esquecer as orações espontâneas com agradecimentos, louvores e pedidos.

Chegamos ao último degrau e, usando as palavras de Guigo, é o "degrau dos bem-aventurados, daqueles que se encontraram com Deus".

Quarto degrau: Contemplação

Ver a realidade com os olhos de Deus e assumir um propósito de mudança de vida, que pode ser pessoal e familiar: O que o texto nos leva a viver?

Na contemplação, o orante deve se sentir tocado, envolvido, amado, aceito, acolhido, perdoado, pacificado, pois a contemplação nos leva a viver a Palavra.

A partir do texto, devemos descobrir o que mudar, o que precisa de conversão, de purificação, de redimensionamento, mas também os passos que já demos, o crescimento espiritual e familiar e onde precisamos ainda potencializar. É importante elaborar na partilha o propósito a ser vivido naquela semana e expô-lo de forma visível (por exemplo, colocar um lembrete na porta da geladeira...) de modo que ninguém o esqueça, nem mesmo os pequenos, até o próximo encontro.

A seguir mostraremos alguns exemplos do método da leitura orante da Bíblia, com alguns textos clássicos sobre os membros da família: Criação (Gn 1,26-28); piedade filial (Eclo 3,5-10); ação de graças (2Tm 1,3-5) e a família de Jesus (Mt 12,46-50).

Primeiro encontro: a Criação
(Gn 1,26-28)

Atenção: seguir as indicações para cada encontro à página 16.

Sugestão: colocar no altar preparado uma foto da família.

Animador: Iniciamos o nosso momento de oração em família, reunidos, para juntos louvarmos, bendizermos, agradecermos a Deus por tantos benefícios que Ele nos concedeu e concede. Juntos, vamos nos colocar em harmonia com o Espírito Santo, pois é Ele quem ora em nós. Em nome do Pai, e do Filho e do Espírito Santo.

Todos: Amém!

Animador: Vinde, Espírito Santo, enchei os corações dos vossos fiéis, e acendei neles o fogo de vosso amor.

Todos: Enviai, Senhor, o vosso Espírito e tudo será criado e renovareis a face da terra.

Animador: *Oremos* – Ó Deus, que iluminais os corações dos vossos fiéis com a luz do Espírito Santo, concedei-nos que no mesmo Espírito saibamos o que é reto, e gozemos sempre de sua consolação. Por Nosso Senhor Jesus Cristo, vosso Filho, na unidade do Espírito Santo.

Todos: Amém! *(Pode-se entoar um canto.)*

Animador: Pensemos em todas as famílias do mundo, com suas alegrias, suas tristezas, as suas dificuldades, as suas esperanças. Tornemo-nos voz uns dos outros, numa prece para todos.

Todos: Família, Igreja doméstica, dom de Deus para o mundo!

Animador: Jesus, o Filho de Deus, assumiu uma família, deu início à sua vida pública em uma festa de casamento, ressuscitou o filho da viúva de Naim e Lázaro, o irmão de Marta e Maria, curou a filha de Jairo e a sogra de Pedro...

Todos: Família, Igreja doméstica, dom de Deus para o mundo!

Animador: Estamos no primeiro degrau do método da leitura orante da Bíblia e deveremos responder à pergunta: o que o texto diz em si mesmo?

Todos: Sim, devemos ler o texto sagrado e guardá-lo em nosso coração para melhor meditarmos.

Primeiro encontro: a Criação (Gn 1,26-28)

Animador: Hoje vamos rezar a Criação do homem e da mulher, que, ao deixarem seus pais, formam uma nova família para a glória de Deus. Ouçamos a Palavra...

Leitor: *Então Deus disse: "Façamos o homem à nossa imagem e semelhança. Que ele reine sobre os peixes do mar, sobre as aves dos céus, sobre os animais domésticos e sobre toda a terra, e sobre todos os répteis que se arrastem sobre a terra". Deus criou o homem à sua imagem; criou-o à imagem de Deus, criou o homem e a mulher. Deus os abençoou: "Frutificai, disse ele, e multiplicai-vos, enchei a terra e submetei-a. Dominai sobre os peixes do mar, sobre as aves dos céus e sobre todos os animais que se arrastam sobre a terra".* (Gn 1,26-28)[1]

Animador: Essa foi a primeira proclamação da leitura. Ouçamos, mais uma vez, com muita atenção, o que Deus está nos dizendo, procurando guardar a Palavra em nosso coração. Depois reconstruiremos o texto a partir da nossa memória. *(Se for preciso, leia-se mais de uma vez.)*

Animador: Muito bem, agora juntos vamos relembrar o texto e fazer dele a nossa oração a Deus.

---

[1] Os textos bíblicos utilizados neste livro foram extraídos da Bíblia Sagrada Ave-Maria

Todos: Homem e mulher criados à imagem e semelhança, abençoados por Deus e enviados para uma missão.

Animador: O cenário é o paraíso terrestre. Estamos no sexto dia da criação e os personagens são Deus, o homem e a mulher. A ação é de Deus que cria a humanidade à sua imagem e semelhança.

Leitor 1: No versículo 26, aparecem os verbos *fazer* e *reinar*, que dizem respeito ao ser humano, e o verbo *arrastar*, que é próprio dos animais. O homem e a mulher estão acima dos peixes, das aves, dos animais domésticos, da terra. Arrastar-se compete aos répteis.

Todos: Criados à imagem e semelhança de Deus, o homem e a mulher são chamados a formar uma família.

Animador: No versículo seguinte, o texto sagrado acentua que Deus *criou*. O verbo *criar* aparece três vezes. O número três na Bíblia é o número de Deus. Portanto *criar, instituir, organizar* é ação de Deus.

Leitor 1: No ato de *criar* o homem, encontramos toda a humanidade, independentemente do gênero.

Leitor 2: Na ação de *criar* à sua imagem, significa que toda a humanidade possui em si a imagem e semelhança de Deus. Parecemos com Ele. Temos a centelha divina.

Leitor 3: Na terceira citação, destaca-se o gênero da humanidade: homem e mulher.

Todos: Criados à imagem e semelhança de Deus, o homem e a mulher são chamados a formar uma família, a colaborar com Ele na Criação.

Animador: No último versículo, Deus os abençoa. Abençoar significa querer bem, estimar, ungir e enviar para uma missão.

Todos: Abençoa, Senhor, as famílias, amém! Abençoa, Senhor, a minha também!

Leitor 1: No versículo 28, aparecem os verbos *frutificar, multiplicar, encher* e *submeter* que são aptidões do ser humano criado à imagem e semelhança de Deus.

Todos: Então minha alma canta a ti, Senhor, quão grande és tu. Quão Grande és tu!

Animador: Passemos para o segundo degrau: o que o texto me diz?

Leitor 1: Que existe um Deus vivo e criador.

Leitor 2: Que a natureza não é divina, é criatura.

Leitor 3: Que o ponto mais alto da criação é a humanidade, homem e mulher, criados à imagem e semelhança de Deus.

Todos: Que somos chamados e convocados para *frutificar, multiplicar, encher* e *submeter* a terra, colaborando com a obra da criação.

Leitor 1: Que frutificar é ser fecundos, ou seja, o homem e a mulher devem ter filhos. Devem ser família.

Leitor 2: Que os filhos devem se casar, devem povoar a terra e submetê-la, ou seja, usufruir de todos os bens e dons que Deus concedeu à humanidade, cuidando da casa comum.

Todos: Que Deus nos abençoou e que somos chamados a dominar e a transformar o universo, participando de sua obra da Criação.

Todos: O Senhor é bom, eterno é seu amor!

Animador: Além do que já vimos, o que mais o texto nos diz? Qual mensagem nasce em nosso coração? Qual palavra ou versículo mais nos tocou? A qual missão fomos convocados? Como torná-la atual? (*Dar tempo para partilha.*)

Animador: Muito bem, depois de vermos o que o texto nos diz, passamos ao terceiro degrau: o que o texto me faz dizer a Deus? É o momento do diálogo amoroso com Deus. *(Podem-se fazer orações espontâneas, compor um salmo ou uma canção sobre o texto,* *as crianças poderão fazer um desenho ou colagem, ou, como sugestão, rezar o Cântico de Tobias 8,7-10.)*

Leitor 1: Senhor Deus de nossos pais, bendigam-vos os céus, a terra, o mar, os montes e os rios, com todas as criaturas que neles existem.

Leitor 2: Vós fizestes Adão do limo da terra e destes-lhe Eva por companheira.

Leitor 3: Ora, vós sabeis, ó Senhor, que não é para satisfazer a minha paixão que a recebo como esposa, mas unicamente pelo desejo de suscitar uma posteridade, pela qual o vosso nome seja eternamente bendito.

Todos: Tende piedade de nós, Senhor, e fazei que cheguemos juntos a uma ditosa velhice.

Animador: E chegamos ao quarto e último degrau. É o momento do nosso compromisso semanal com o Senhor. Depois de vermos o que o texto diz em si mesmo, aplicarmos para nossa família hoje e rezarmos a Palavra, temos que ver a realidade com os olhos de Deus e tomarmos uma atitude, ou seja, assumirmos um compromisso. (*Deixar que cada um dê sua opinião e juntos escolher um propósito de mudança de vida, ou mesmo unir as propostas individuais num único objetivo.*)

(Sugestão: O Senhor Deus usou os verbos no imperativo, isso quer dizer que Ele quer que realizemos a sua solicitação, para isso fomos abençoados: dominar, *no último pedido do texto. Como poderemos realizar isso, lembrando que* dominar *na Bíblia é favorecer, fomentar, cuidar e acima de tudo participar. Que tal a família se empenhar em cuidar ainda mais da natureza, não desperdiçando a água, apagando a luz, separando o lixo, respeitando as necessidades de cada membro da família enquanto homem ou mulher, cuidando das plantas etc.)*

Animador: Agora que já decidimos o nosso propósito para a semana, de mãos dadas vamos rezar a oração que o próprio Jesus ensinou: "Pai Nosso".

(Com as mãos estendidas sobre os filhos, o pai, a mãe ou outro responsável os abençoa.)

Bendizente: O Senhor os abençoe e os proteja.

Todos: Amém.

Bendizente: O Senhor faça brilhar sobre vocês o seu rosto e os acompanhe com a sua misericórdia.

Todos: Amém.

Bendizente: O Senhor dirija para vocês o seu olhar e lhes dê a sua paz.

Todos: Amém.

Bendizente: A bênção de Deus onipotente, Pai, Filho e Espírito Santo, desça sobre vocês e permaneça para sempre.

Todos: Amém.

(Pode-se entoar um canto.)

Segundo encontro: piedade filial (Eclo 3,5-10)

Atenção: Seguir as indicações para cada encontro à página 16.

Sugestão: Colocar no altar preparado uma foto do(a)(s) filho(a)(s).

Animador: Estamos reunidos para louvar e agradecer a Deus, em nosso encontro semanal da leitura orante da Bíblia. Vamos nos recolher em um minuto de silêncio, deixar o barulho externo e interno se calarem e em paz inquieta vamos iniciar em nome da Trindade Santa: Em nome do Pai, do Filho e do Espírito Santo.

Todos: Amém.

Animador: Invoquemos o Espírito Santo de Deus para que Ele nos ajude neste momento de intimidade com a Palavra e com o Senhor Deus!

Todos: Espírito Santo, Deus de amor, conceda--me: a inteligência que o conheça; a angústia que o procure; a sabedoria que o encontre; a vida que lhe

agrade; a perseverança que enfim o possua. Amém.
(Oração de Santo Tomás de Aquino.)

Animador: A Igreja doméstica é a família reunida para a oração, para a refeição, para o lazer, para os serviços, para a missão.

Todos: Nós somos Igreja doméstica para glória e louvor do nosso Deus!

Animador: O texto de hoje que iremos rezar fala dos filhos e de como esses devem comportar-se em relação aos pais, em relação à família.

Todos: Honrar pai e mãe é também o mandamento da unidade e da comunhão familiar.

Animador: O primeiro degrau da nossa oração é a leitura e vamos responder à pergunta: o que o texto diz em si mesmo?

Todos: Sim, devemos deixar que o texto sagrado penetre nossos ouvidos, passe pelo nosso coração e chegue, iluminado pela sabedoria, aos nossos pés e mãos, para podermos transmitir o evangelho da família.

Animador: Hoje o tema da oração é a piedade filial, retratada no terceiro capítulo do livro do Eclesiástico, onde o autor acentua, além da sabedoria, o temor do Senhor... Ouçamos.

Leitor: *Quem honra sua mãe é semelhante àquele que acumula um tesouro. Quem honra seu pai achará alegria em seus filhos, será ouvido no dia da oração. Quem honra seu pai gozará de vida longa; quem lhe obedece dará consolo à sua mãe. Quem teme ao Senhor honra pai e mãe. Servirá aqueles que lhe deram a vida como a seus senhores. Honra teu pai por teus atos, tuas palavras, tua paciência, a fim de que ele te dê sua bênção, e que esta permaneça em ti até o teu último dia.* (Eclo 3,5-10)

Animador: Vamos repetir a Leitura para que possamos fazer memória do texto *(repetir quantas vezes for necessário, até que juntos recordem o texto)*. Sabemos que o texto é um comentário ao quarto mandamento da Lei de Deus. O respeito e o cuidado para com os pais serão cobrados também por Jesus. Portanto, é dever dos filhos a veneração dos pais, o respeito, o afeto, a proximidade e a comunicação com eles.

Todos: Quem teme o Senhor honra pai e mãe! Obedece às suas leis com coração sempre disponível e humilde.

Animador: O cenário no qual foi escrito o texto nos remete ao período em que a Palestina passava por momentos de tensão política e militar. Por isso o autor acentua a importância de honrar pai e mãe, ou seja, manter a estrutura familiar para garantir a nação. Vamos recordar o texto...

Leitor 1: Temos os ensinamentos sobre a piedade filial: os verbos que fundamentam essa relação são *honrar, acumular* e *consolar* (vv. 5.7). Honrar a mãe é comparado a acumular um tesouro (riqueza), e quem obedece ao pai, consola a mãe deixando-a feliz.

Leitor 2: Os verbos relacionados ao pai são *honrar, achar, ouvir, gozar* e *obedecer* (vv. 6.7.9). Honrar o pai significa achar alegria nos filhos e ser ouvido por Deus na oração.

Leitor 3: Quem honrar o pai terá uma vida longa, honrada e feliz e obterá dele a bênção, fazendo-a assim permanecer para sempre.

Animador: O temor do Senhor é para quem honra pai e mãe, a quem deverão servir como se fossem seus patrões.

Leitor 1: A palavra *honra* aparece cinco vezes no texto significando: fama, renome, reputação, obediência, dignidade, honestidade, honradez, incorruptibilidade, virtuosidade.

Todos: Quem honra o pai, consola a mãe, torna-se uma pessoa de bem, honrada, digna de boa fama entre os homens, querida e abençoada por Deus.

Leitor 2: Quem honra o pai será respeitado pelos próprios filhos e Deus ouvirá sua oração.

Leitor 3: Quem honra a mãe acumula tesouro de obediência, de sabedoria, de afetividade, de alegria. Acumular significa ajuntar, adquirir, ganhar, prosperar diante dos homens e de Deus pelas boas obras.

Todos: Quem honra o pai terá vida longa de testemunho fecundo e saberá servir aos pais na velhice não os abandonando enquanto viverem.

Leitor 1: A bênção do pai será perpetuada na medida em que o filho souber usar para com ele muita paciência, dedicação e amor.

Leitor 2: O texto nos sugere que honremos, respeitemos, amemos e obedeçamos aos nossos pais. Só assim, no seio da Igreja doméstica, o Evangelho da família se converterá em ação transformante.

Animador: Iniciamos agora o segundo degrau, a meditação, com a pergunta: o que o texto nos diz?

Leitor 1: Que quem honra sua mãe fica rico de graças.

Leitor 2: Que quem honra seu pai será ouvido por Deus quando orar e terá vida longa.

Leitor 3: Que quem obedece ao pai dará consolo à mãe.

Todos: Que quem teme o Senhor honra pai e mãe e lhes serve de bom grado.

Leitor 1: Que quem honra o pai receberá a bênção, e ela permanecerá para sempre dando frutos de conversão.

Animador: Neste momento vamos aprofundar, repetir as palavras ou os versículos que nos são mais significativos, dando maior significação ao texto. *(Dar tempo para todos refletirem.)*

Animador: Agora vamos atualizar a Palavra. O que para nós significa hoje honrar pai e mãe? Qual a importância da bênção dos pais na vida da nossa família? O que significa servir para nós hoje? Como sermos pacientes, amorosos, prestativos uns com os outros? *(Dar tempo para a partilha.)*

Todos: Ilumina, ilumina nossos pais, nossos filhos e filhas. Ilumina, ilumina cada passo da nossa família.

Animador: Subimos ao terceiro degrau, que é a contemplação: o que o texto me faz dizer a Deus? É o momento de apresentarmos a Deus os nossos pedidos, os nossos agradecimentos, o nosso louvor. Vamos conversar com Deus como se faz com um amigo a partir do texto que rezamos.

(Dar tempo para que todos escrevam uma oração, um salmo, uma canção. As crianças podem fazer uma pintura ou colagem. Como sugestão indicamos o Cântico de Ben Sirac – Eclesiástico 42,15-26.)

Leitor 1: Relembrarei agora as obras do Senhor, proclamarei o que vi. Pelas palavras do Senhor, foram produzidas as suas obras.

Leitor 2: O sol contempla todas as coisas que ilumina; a obra do Senhor está cheia de sua glória. Porventura não fez o Senhor com que seus santos proclamassem todas as suas maravilhas, maravilhas que Ele, o Senhor todo-poderoso, consolidou, a fim de que subsistam para a sua glória?

Leitor 3: Ele sonda o abismo e o coração humano, e penetra os seus pensamentos mais sutis, pois o Senhor conhece tudo o que se pode saber. Ele vê os sinais dos tempos futuros, anuncia o passado e o porvir, descobre os vestígios das coisas ocultas.

Todos: Nenhum pensamento lhe escapa, nenhum fato se esconde a seus olhos.

Leitor 1: Ele enalteceu as maravilhas de sua sabedoria, Ele é antes de todos os séculos e será eternamente. Nada se pode acrescentar ao que Ele é, nem nada lhe tirar; não necessita do conselho de ninguém. (Eclo 42,15-26)

Todos: Como são agradáveis as suas obras! E, todavia, delas não podemos ver mais que uma centelha.

Leitor 2: Essas obras vivem e subsistem para sempre e, em tudo o que é preciso, todas lhe obedecem.

Leitor 3: Todas as coisas existem duas a duas, uma oposta à outra; Ele nada fez que seja defeituoso.

Todos: Ele fortaleceu o que cada um tem de bom. Quem se saciará de ver a glória do Senhor?

Animador: Chegamos ao quarto e último degrau, a contemplação. Vamos mergulhar no mistério de Deus, saboreá-lo, observar e avaliar a vida. É o momento de assumirmos um propósito pessoal e familiar de mudança de vida. *(Dar tempo para que o elaborem.)*

Sugestão: O texto tem como fio condutor a frase *honra teu pai e tua mãe* – significa que, dentre todas as pessoas que devemos amar, os primeiros são os pais. Que tal nesta semana e sempre a família colocar o respeito, o amor e a confiança uns pelos outros acima de qualquer picuinha? Que tal retomar o pedido de bênção ao pai e a mãe antes de dormir?

Animador: Vamos rezar a oração do Pai-Nosso lembrando todas aquelas famílias que não conseguem ou não podem rezar juntos. Pai Nosso...

(Com as mãos estendidas sobre os filhos, o pai, a mãe ou outro responsável os abençoa.)

Bendizente: Deus todo-poderoso os abençoe com a sua misericórdia e ilumine a inteligência de vocês com a sabedoria da salvação.

Todos: Amém.

Bendizente: Deus faça crescer em suas almas o espírito de fé e os torne perseverantes na prática das boas obras.

Todos: Amém.

Bendizente: A luz do Senhor dirija os seus passos e os oriente nos caminhos da caridade e da paz.

Todos: Amém.

Bendizente: A bênção de Deus Onipotente, Pai, Filho e Espírito Santo, desça sobre vocês e permaneça para sempre.

Todos: Amém.

(Pode-se entoar um canto.)

Terceiro encontro: ação de graças (2Tm 1,3-5)

Atenção: Seguir as indicações para cada encontro à página 16.

Sugestão: Colocar no altar as fotos dos avós, tios e demais parentes.

Animador: Mais uma vez o Espírito Santo nos convoca, como família, a fazermos a leitura orante da Bíblia. É o nosso encontro semanal com a Palavra de Deus, em nossa casa, Igreja doméstica, onde o Evangelho da Família nos torna discípulos missionários de Jesus. Iniciemos nos dirigindo à Trindade Santa, para que juntos possamos orar. Em nome do Pai, do Filho e do Espírito Santo.

Todos: Amém.

Animador: Ó Espírito Santo, dai-me um coração grande, aberto à vossa silenciosa e forte palavra inspiradora, fechado a todas as ambições mesquinhas, alheio a qualquer desprezível competição humana, compenetrado do sentido da santa Igreja!

Todos: *Um coração grande, desejoso de tornar-se semelhante ao Coração do Senhor Jesus!*

Leitor 1: *Um coração grande e forte para amar a todos, para servir a todos, para sofrer por todos!*

Leitor 2: *Um coração grande e forte para superar todas as provações, todo tédio, todo cansaço, toda desilusão, toda ofensa!*

Leitor 3: *Um coração grande e forte, constante até o sacrifício, se for necessário!*

Todos: *Um coração cuja felicidade é palpitar com o Coração de Cristo e cumprir, humildemente, a vontade do pai. Amém.* (Papa Paulo VI)

Animador: Na escada do método da leitura orante da Bíblia, o primeiro degrau é a leitura atenta e lenta da Palavra.

Todos: Devemos tomar a Bíblia e ler com convicção de que Deus nos fala.

Animador: Certos de que Deus nos fala, ouçamos sua mensagem para hoje.

Leitor: *Dou graças a Deus, a quem sirvo com pureza de consciência, tal como aprendi de meus pais, e me lembro de ti sem cessar nas minhas orações, de noite e de dia. Quando me vêm ao pensamento as tuas lágrimas, sinto grande desejo de te ver para me* *encher de alegria. Conservo a lembrança daquela tua fé tão sincera, que foi primeiro a de tua avó Loide e de tua mãe Eunice e que, não tenho a menor dúvida, habita em ti também.* (2Tm 1,3-5)

Animador: Sem dúvidas precisamos ouvir outra vez para fazermos a reminiscência do texto proclamado. *(Ler quantas vezes for necessário.)*

Animador: Precisamos contextualizar a segunda carta de Paulo a Timóteo para respondermos à pergunta: o que o texto diz em si mesmo?

Leitor 1: Ao escrever essa carta, Paulo estava preso em Roma, desamparado e sem esperança (1,15), e pede ao amigo Timóteo que se apresse a ir até ele.

Leitor 2: Nessa carta, Paulo aproveita para fazer suas últimas recomendações, pois Timóteo foi mais do que um colaborador, foi um filho querido e seu sucessor.

Animador: Timóteo nasceu de pai pagão e mãe judaico-cristã e foram sua avó e sua mãe que lhe transmitiram a fé cristã.

Todos: A fé sincera e verdadeira nós a recebemos no seio familiar!

Animador: Vamos recordar o texto para transformá-lo em oração.

Leitor 1: Paulo dá graças a Deus pelo aprendizado que seus pais lhe proporcionaram.

Leitor 2: Paulo se recorda de Timóteo, seu filho, amigo, colaborador e sucessor, em suas orações.

Leitor 3: Paulo se recorda da fé sincera de Timóteo transmitida por sua avó e por sua mãe.

Animador: Encontramos alguns verbos interessantes no versículo três: *dar, servir, aprender, lembrar e cessar.*

Leitor 1: Dar graças a Deus: coração reconhecido é coração agradecido.

Leitor 2: Servir com pureza de consciência: prestar serviço a Deus com fé firme e inabalável.

Leitor 3: Aprender dos pais: conhecimento adquirido pelo testemunho e transmissão dos pais.

Todos: Lembrar-se do amigo sem cessar: tê-lo presente nas orações sempre, sem nunca acabar.

Animador: Já no versículo quatro, Paulo se recorda da despedida, quando deixou a terra santa em direção a Roma, Timóteo chorou, com certeza Paulo também, e por isso sente o desejo de vê-lo mais uma vez.

Leitor 1: Estamos no ano 67 d.C., pouco antes de sua morte, e Paulo queria ter junto de si seu fiel e querido amigo.

Todos: *Tu, portanto, meu filho, procura progredir na graça de Jesus Cristo* (2Tm 2,1).

Animador: *Conservar*, *ter* e *habitar* são os verbos do quinto e último versículo.

Leitor 1: Paulo conserva a grata lembrança da fé pura e sincera e da educação cristã que Timóteo recebeu da avó Loide e da mãe Eunice.

Leitor 2: Timóteo era jovem (1Tm 4,12), mas Paulo não reluta em dizer que não tinha dúvidas de que ele também era habitáculo da fé em Jesus.

Animador: O texto nos diz que é no seio da família, pelo exemplo dos pais e dos avós, que somos educados na fé em Jesus Cristo e levados a participar da Igreja Católica.

Todos: Olhando a Sagrada Família – Jesus, Maria e José – saibamos fazer a partilha dos gestos de amor e de fé.

Animador: Vamos subir o segundo degrau e ver o que o texto nos diz?

Leitor 1: Que aprendemos dos pais a servir a Deus com retidão.

Leitor 2: Que devemos sempre nos lembrar dos amigos queridos na fé e rezar por eles.

Leitor 3: Que a fé da família é a nossa fé. Que a prática religiosa familiar é a nossa prática. Que o Deus dos nossos pais é o nosso Deus Vivo e Verdadeiro.

Todos: Família, Igreja doméstica, onde o Evangelho do amor é vivido com respeito e veneração.

Animador: Vimos muitas coisas, mas podemos aprofundar ainda mais. Vamos partilhar palavras ou versículos que mais nos tocaram, que nos fizeram pensar, que nos tiraram da zona de conforto. Qual a importância da família na transmissão e na educação da fé? Rezamos por nossos amigos? O testemunho de fé das pessoas nos enche de alegria? *(Dar tempo para partilha.)*

Animador: Agora devemos dialogar com Deus: o que esse texto me faz dizer a Deus? Como já sabemos, podemos elaborar a nossa oração a partir do texto, podemos fazer uma poesia, uma canção, uma pintura, qualquer coisa que represente esse diálogo filial com o Pai. *(Dar tempo para a elaboração e a partilha. Nossa sugestão são alguns versículos do Salmo 118.)*

Todos: *Ah, quanto amo, Senhor, a vossa Lei! Durante o dia todo eu a medito.*

Leitor 1: *Mais sábio que meus inimigos me fizeram os vossos mandamentos, pois eles me acompanham sempre. Sou mais prudente do que todos os* *meus mestres, porque vossas prescrições são o único objeto de minha meditação.*

Leitor 2: *Sou mais sensato do que os anciãos, porque observo os vossos preceitos.*

Leitor 3: *Dos maus caminhos desvio os meus pés, para poder guardar vossas palavras. De vossos decretos eu não me desvio, porque vós mos ensinastes.*

Todos: *Quão saborosas são para mim vossas palavras! São mais doces que o mel à minha boca.*

Leitor 1: *Vossos preceitos me fizeram sábio, por isso odeio toda senda iníqua.*

Todos: *Vossa Palavra é um facho que ilumina meus passos, uma luz em meu caminho. Faço juramento e me obrigo a guardar os vossos justos decretos.* (Salmo 118[119], 97-106)

Animador: E chegamos ao quarto degrau, para ver a realidade com os olhos de Deus: o que o texto me leva a viver? Que propósito de mudança de vida brota no meu coração? O que o Espírito Santo neste momento de oração me sugere? *(Dar tempo para que os participantes elaborem e possam partilhar. A contribuição das crianças é muito importante. Deus fala pela boca dos pequeninos.)*

Animador: Uma vez escolhido o propósito, vamos nos dirigir ao Pai com as mesmas palavras de Jesus...

Todos: Pai Nosso...

(*Com as mãos estendidas sobre os filhos o pai, a mãe ou outro responsável os abençoa.*)

Bendizente: Deus de toda consolação dirija na sua paz os dias da sua vida e os conceda abundantemente as suas bênçãos.

Todos: Amém.

Bendizente: O Senhor os livre de todos os perigos e confirme no seu amor os corações de vocês.

Todos: Amém.

Bendizente: Para que, enriquecidos com o dom da fé, esperança e caridade, pratiquem boas obras na vida presente e alcancem os seus frutos na vida eterna.

Todos: Amém.

Bendizente: A bênção de Deus onipotente, Pai, Filho e Espírito Santo, desça sobre vocês e permaneça para sempre.

Todos: Amém.

(*Pode-se entoar um canto.*)

Quarto encontro: a família de Jesus (Mt 12,46-50)

Atenção: Seguir as indicações para cada encontro à página 16.

Sugestão: Colocar no altar a imagem da Sagrada Família.

Animador: Família, sonho de Deus! Nós, mais uma vez, estamos reunidos para juntos rezarmos a leitura orante da Bíblia em família. Quantas bênçãos, quantas graças Deus concede a um lar orante.

Todos: Deus é sempre pronto a nos ouvir. Ele vê a nossa realidade. Ele escuta as nossas orações. Ele desce em nosso meio e se faz um de nós!

Animador: Iniciemos invocando a família divina: Em nome do Pai, do Filho e do Espírito Santo.

Todos: Amém.

Ó Espírito Santo, Amor do Pai e do Filho! Inspirai-me sempre aquilo que devo pensar, aquilo que devo dizer, como eu devo dizê-lo, aquilo que devo calar, aquilo que devo escrever, como eu devo agir, aquilo que devo fazer, para procurar a vossa glória, o bem das almas e minha própria santificação. Ó Jesus, toda a minha confiança está em Vós. Ó Maria, Templo do Espírito Santo, ensinai-nos a sermos fiéis àquele que habita em nosso coração. Amém! (Cardeal Verdier)

Animador: O texto que vamos rezar hoje fala da família de Jesus: da sua mãe e dos seus irmãos.

Todos: Deus é família e quis ter uma família!

Leitor: *Jesus falava ainda à multidão, quando veio sua mãe e seus irmãos, e esperavam do lado de fora a ocasião de lhe falar. Disse-lhe alguém: "Tua mãe e teus irmãos estão aí fora, e querem falar-te". Jesus respondeu-lhe: "Quem é minha mãe e quem são meus irmãos?". E, apontando com a mão para os seus discípulos, acrescentou: "Eis aqui minha mãe e meus irmãos. Todo aquele que faz a vontade de meu Pai que está nos céus, esse é meu irmão, minha irmã e minha mãe".* (Mt 12,46-50)

Animador: Jesus está em plena atividade pela Galileia, especialmente nas cidades de Corozaim, Betsaida e Cafarnaum, testemunhas privilegiadas da sua ação missionária. Fora provocado pelos escribas e fariseus que queriam vê-lo fazer um milagre (cf. Mt 12,38).

Quarto encontro: a família de Jesus (Mt 12,46-50)

Leitor 1: Jesus se nega a realizar o milagre e dá como sinal Jonas, um sinal permanente de contradição. E quando ainda falava se apresentaram seus parentes, que certamente tinham vindo buscá-lo para levá-lo para casa.

Animador: Assim esclarecidos, vamos recordar o texto: como se inicia esse trecho do Evangelho? O que a mãe e os irmãos de Jesus queriam? Qual foi a resposta de Jesus? Quem para Jesus são seus irmãos e suas irmãs? *(É importante que todos respondam às indagações, reconstruindo o texto.)*

Animador: Vamos aprofundar ainda mais. Os personagens dessa narrativa são: Jesus, sua mãe e seus irmãos. Pelo versículo 46, sabemos que Jesus ainda falava à multidão, quando algum dos discípulos que o acompanhava lhe disse que sua mãe e seus irmãos estavam lá fora, esperando para lhe falar.

Leitor 2: Significa que os parentes de Jesus não pertenciam ao seu grupo de discípulos, nem à multidão que o acompanhava aonde quer que fosse.

Todos: Por isso estavam lá fora e mandaram o recado, esperando que fossem atendidos.

Leitor 3: Com as perguntas "quem é?" e "quem são?" de Jesus, já se intui que ao redor de Jesus surge uma nova família, não mais dos laços da carne, nem do sangue, mas da fé e do Espírito.

Todos: Dentre a comunidade dos discípulos, quem faz a vontade do Pai de Jesus é seu irmão, sua irmã, sua mãe.

Leitor 1: No versículo 48, Jesus pergunta "quem é minha mãe?". Maria, a mãe de Jesus, como todo discípulo fiel, teve de percorrer o caminho da fé e do seguimento de Jesus.

Animador: E "quem são meus irmãos?". A palavra *irmão* no hebraico antigo possuía uma semântica larga de significados e abrangia a parentela próxima: tios, sobrinhos e primos.

Leitor 1: No tempo de Jesus, além de designar parentes, indicava também pessoas da mesma comunidade. Portanto, todo seguidor/discípulo de Jesus é seu irmão.

Todos: Mas também é irmão, irmã, mãe de Jesus quem faz a vontade do Pai que está no céu.

Animador: O convite de Jesus aos seus parentes é que se tornem sua família, mãe e irmãos, não pelos laços de sangue, mas pela prática da Palavra, como ouvintes e como servos.

Todos: Pela Palavra de Deus, saberemos por onde andar. Ela é luz e verdade, precisamos acreditar.

Quarto encontro: a família de Jesus (Mt 12,46-50)

Animador: Ainda com o eco dessa verdade, vamos passar para o segundo degrau: o que o texto nos diz?

Leitor 1: Que não devemos nos colocar fora do círculo dos discípulos do Senhor.

Leitor 2: Que não devemos mandar recados para Jesus, Ele quer falar conosco pessoalmente.

Leitor 3: Que para ser família de Jesus precisamos segui-lo e fazer a vontade do Pai.

(Pode-se entoar um canto.)

Animador: Vamos aprofundar: o que para mim significa falar com Jesus? Como podemos hoje ser irmão, irmã e mãe de Jesus? O que significa fazer a vontade do Pai? Qual o versículo ou palavra que mais o tocou? Por quê? *(Dar tempo para as respostas.)*

Animador: Chegamos ao terceiro degrau, aquele do diálogo, da oração, do louvor, da salmodia, do pedido de perdão: o que o texto me leva a dizer a Deus? *(Dar o tempo necessário. Sugestão: Salmo 14.)*

Todos: *Senhor, quem há de morar em vosso tabernáculo? Quem habitará em vossa montanha santa?*

Leitor 1: *O que vive na inocência e pratica a justiça, o que pensa o que é reto no seu coração, cuja língua não calunia; o que não faz mal a seu próximo, e não ultraja seu semelhante.*

Leitor 2: *O que tem por desprezível o malvado, mas sabe honrar os que temem a Deus; o que não retrata juramento mesmo com dano seu.*

Leitor 3: *não empresta dinheiro com usura, nem recebe presente para condenar o inocente. Aquele que assim proceder jamais será abalado.* (Sl 14[15],1-5)

Animador: O que o texto nos leva a viver? Esse é o quarto degrau, e devemos nos colocar diante de Deus, da sua Palavra e vermos o que devemos fazer, enquanto família, para nos tornarmos verdadeiros discípulos missionários de Jesus? *(Dar tempo para as proposições e a escolha.)*

Animador: Rezemos de mãos dadas a oração que Jesus nos ensinou.

Todos: Pai Nosso...

(Com as mãos estendidas sobre os filhos, o pai, a mãe ou outro responsável os abençoa.)

Bendizente: O Senhor os abençoe com todas as bênçãos celestes e os conserve puros e santos na sua presença; derrame sobre vocês as riquezas da sua glória, os instrua com a palavra da verdade. Ilumine-os com o Evangelho da salvação e os fortaleça na caridade fraterna. Por Jesus Cristo, Nosso Senhor.

A bênção de Deus onipotente, Pai, Filho e Espírito Santo, desça sobre vocês e permaneça para sempre.

Todos: Amém.

(Pode-se entoar um canto.)